# FRÉDÉRIC STEHR

# ZIM TAM TUM

Título original: Zim Bam Boum
Frédéric Stehr (texto e ilustrações)
© 2016, l'école des loisirs, Paris, França
Publicado por acordo com Isabelle Torrubia Agência Literária

Coordenação editorial: Graziela Ribeiro dos Santos
Preparação: Olívia Lima
Revisão: Marcia Menin e Valéria Cristina Borsanelli

Edição de arte: Rita M. da Costa Aguiar e Fernanda do Val
Produção industrial: Alexander Maeda
Impressão: Bartira

Dados Internacionais de Catalogação na Publicação (CIP)
(Câmara Brasileira do Livro, SP, Brasil)

Stehr, Frédéric
    Zim Tam Tum / Frédéric Stehr ; [ilustração do
autor] ; tradução Graziela Ribeiro dos Santos. --
São Paulo : Edições SM, 2018.

    Título original: Zim Bam Boum.
    ISBN 978-85-418-2014-1

    1. Literatura infantojuvenil I. Título.

18-13538                                        CDD-028.5

Índices para catálogo sistemático:

1. Literatura infantil 028.5
2. Literatura infantojuvenil 028.5

1ª edição julho 2018
6ª impressão 2023

Todos os direitos reservados à
SM Educação
Avenida Paulista 1842 – 18ºAndar,
cj. 185, 186 e 187 – Cetenco Plaza
Bela Vista 01310-945 São Paulo SP Brasil
Tel. (11) 2111-7400
atendimento@grupo-sm.com
www.smeducacao.com.br

FRÉDÉRIC STEHR

TRADUÇÃO
GRAZIELA RIBEIRO DOS SANTOS

ESTOU FAZENDO MÚSICA.

TIM TAM TIM TAM
TIM

TIM TAM TIM
ZIM ZIM
TUM TUM TUM

O QUE VOCÊS ESTÃO FAZENDO?

ZIM TIM TAM TUM ZIM

TUM

# MÚSICA!

ZIM ZIM TIM TAM

ZIG ZIG

ZIG ZIG

TEC TEC

ACHO QUE EU TIVE UMA IDEIA...

## FRÉDÉRIC STEHR

NASCEU EM PARIS, FRANÇA, EM 1956. CURSOU POR UM BREVE PERÍODO A ÉCOLE PROFESSIONNELLE SUPÉRIEURE D'ARTS GRAPHIQUES, DE PARIS. ACABOU ABANDONANDO O CURSO, POIS PREFERIA OCUPAR SEU TEMPO DESENHANDO AO AR LIVRE NOS JARDINS PÚBLICOS DA CIDADE. A PARTIR DAÍ, ATUOU EM DIVERSAS FRENTES PARA GANHAR A VIDA, FAZENDO DE PINTURA DE PAREDES A CARPINTARIA, ATÉ DAR-SE CONTA DO QUE GOSTARIA MESMO DE FAZER PROFISSIONALMENTE: CONTAR HISTÓRIAS EM IMAGENS. FOI ASSIM QUE SE TORNOU ILUSTRADOR E AUTOR DE OBRAS PARA CRIANÇAS, TENDO HOJE CERCA DE SESSENTA ÁLBUNS INFANTIS PUBLICADOS.

**GRAZIELA RIBEIRO DOS SANTOS**
FOI QUEM TRADUZIU ESTE LIVRO DO FRANCÊS PARA O PORTUGUÊS.
ELA NASCEU NA CIDADE DE SÃO PAULO, EM 1966. É PSICÓLOGA,
FORMADA PELA PONTIFÍCIA UNIVERSIDADE CATÓLICA DE SÃO PAULO
(PUC-SP), E EDITORA DE LIVROS INFANTIS E JUVENIS.

**Fontes** Block Berthold e Cafeteria
**Papel** Offset 150 g/m$^2$